Début d'une série de documents
en couleur

LE CARDINAL LAVIGERIE

ET SES ŒUVRES

DANS LE BASSIN DE LA MÉDITERRANÉE ET EN AFRIQUE

DISCOURS

PRONONCÉ LE 18 JUIN 1889

DANS

LA SÉANCE D'OUVERTURE DU CONGRÈS DE LA SOCIÉTÉ D'ÉCONOMIE SOCIALE

PAR

M. Georges PICOT

DE L'INSTITUT

(Extrait de la **Réforme sociale**)

PARIS

AU SECRÉTARIAT DE LA SOCIÉTÉ D'ÉCONOMIE SOCIALE.

174, BOULEVARD SAINT-GERMAIN

1889

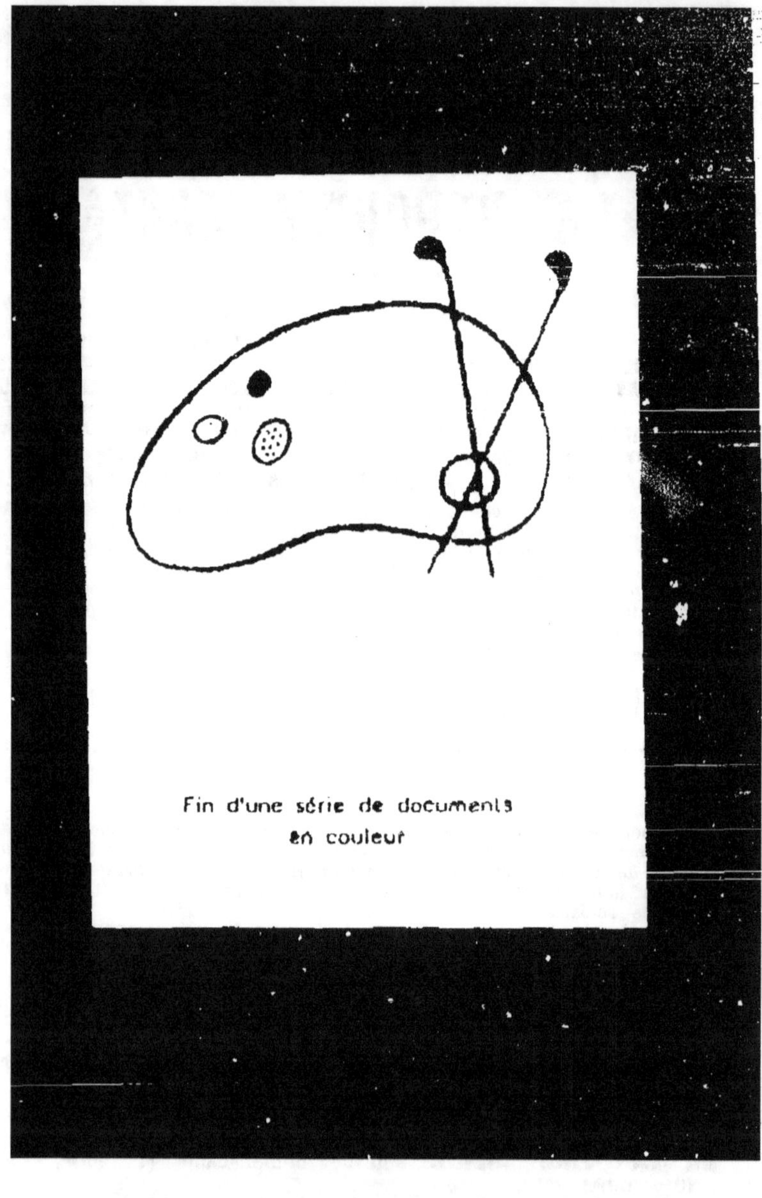

Fin d'une série de documents
en couleur

LE CARDINAL LAVIGERIE

ET SES ŒUVRES

DANS LE BASSIN DE LA MÉDITERRANÉE ET EN AFRIQUE

MESDAMES ET MESSIEURS,

Nous devions avoir ce soir une grande joie; et j'ai à vous entretenir d'une grande déception ! Vous savez que S. Ém. le cardinal Lavigerie avait accepté d'être le président de notre Congrès. Il était attendu à Paris au milieu du mois de juin, et sa parole éloquente devait ouvrir votre session. Ses travaux l'ont retenu loin de nous. Plus nos regrets sont vifs et moins sa pensée doit être absente. Son éloignement nous impose un devoir, et, il faut le reconnaître, nous en facilite l'accomplissement.

Présent dans cette salle, présidant vos discussions, le Cardinal nous aurait en quelque sorte fermé les lèvres ; il ne nous aurait pas permis de dire ce que les membres de la Société d'Économie sociale pensent de la grande œuvre qu'il a poursuivie. Son absence *nous* donne une pleine liberté. Nous en userons pour essayer de tout dire, ou, du moins, si un tel tableau dépasse les limites de notre temps et de nos forces, nous essayerons de résumer en quelques traits les œuvres de la vie la plus pleine, de l'apostolat le plus actif et du cœur le plus français de notre temps. (*Vifs applaudissements.*)

Il y a, Messieurs, vous le savez, des esprits bornés, et nous en avons tous rencontré, qui sont disposés à croire que la France se termine à Marseille. On les étonne beaucoup quand on leur parle de ces grands prolongements de la France qui s'appellent les Échelles du Levant, qui s'appellent la Syrie, de cette influence française qui plane sur la Méditerranée, qui veille sur les Lieux saints. Il y a dans notre histoire toute une chaîne d'honneurs et de traditions qui remontent aux Croisades, qui se sont développés au XVIe siècle, qui ont pris une

1

forme précise et légale avec les capitulations; comment la France a-t-elle acquis une juridiction régulière dans les ports musulmans? Pourquoi notre pavillon avait-il le privilège de circuler sur la Méditerranée et d'y protéger les pavillons étrangers, de telle sorte que, pendant des siècles, nous avons eu seuls le droit d'y faire le commerce, et que toute nation étrangère a dû, pour y naviguer, emprunter le drapeau français? Telle était la primauté de la France dans le bassin de la Méditerranée, telle était notre influence que tout Européen est encore appelé Franc sur ces rives lointaines où il nous semble que, pour être admis et respectés, tous soient obligés de prendre et notre langue et notre nom.

Ce ne sont que des souvenirs, dit-on! échos lointains d'une voix depuis longtemps muette, tout au plus propre à flatter notre vanité! Non, Messieurs! c'est une réalité, c'est une vérité absolue. Consultez les voyageurs, non pas ceux qu'entraînent vers les Lieux saints un sentiment profond, et qui accomplissent un pèlerinage; je prendrai les voyageurs qui sont attirés par un tout autre mobile, et qui, visitant l'Orient, veulent se rendre un compte précis, et résistent à l'enthousiasme. Ces voyageurs sont unanimes à reconnaître que, aujourd'hui encore, notre influence existe.

Mais, cette prééminence, il faut avoir le courage de le dire, elle ne repose que sur le protectorat catholique de la France. Je lisais dernièrement un récit d'un vieux consul auquel Fuad Pacha disait, en 1860, à l'époque de notre expédition en Syrie : « Je ne crains pas les 40,000 baïonnettes que vous avez à Damas, je crains les soixante robes que voilà » ; et il lui montrait des jésuites, des lazaristes et des franciscains. « Pourquoi, lui demande le consul? » — « Parce que ces soixante robes font germer la France dans ce pays! »

Un voyageur, dont le nom ne vous est pas inconnu, M. Gabriel Charmes, qui avait un esprit rare et un cœur tout français, raconte que, se promenant dans les environs de la Mer-Morte, il rencontra une femme bédouine, à laquelle il demanda son chemin, en faisant des efforts pour se faire comprendre. Elle lui répondit couramment en français :

— Où donc avez-vous appris le français, dit-il?

— Chez les sœurs de Saint-Joseph, répondit-elle.

« La langue qu'elle avait apprise, continue M. Charmes, elle l'apprenait maintenant à ses enfants. Les services qu'ont rendus à l'influence française ces modestes petites sœurs de Saint-Joseph, à peine connues en Europe, sont incalculables. Partout, elles ont fait aimer notre nation, en même temps qu'elles ont enseigné sa langue.

Les indigènes nous jugent d'après quelques religieux et quelques religieuses qui passent leur vie à répandre des bienfaits autour d'eux (1). » (*Applaudissements.*)

Messieurs, ce témoignage est celui de tous les voyageurs.

Au moment de la guerre de Crimée, un effort considérable a été accompli : tous les regards étaient tournés vers l'Orient, on se demandait quelle serait la situation de la France au lendemain de cette grande guerre, et si l'heure n'était pas venue de prendre pied en plus d'une ville, où l'alliance turque nous permettait de pénétrer. Un certain nombre d'hommes de cœur se réunirent; c'était un savant archéologue, dont le nom est cher à tous ceux qui aiment la science et l'action de la France au dehors, c'était M. Charles Lenormant, qui devait mourir quatre ans après en Grèce, victime de ses efforts et de son dévouement; c'était à côté de lui un membre de l'Académie des sciences, M. Cauchy; c'était enfin le père Gagarin. Ils se réunirent tous les trois et résolurent de relever au profit de notre langue les écoles d'Orient, de les semer le long des rivages de la Méditerranée et de former ainsi des colonies françaises par le cœur et la foi. Autour d'eux, se groupèrent les hommes les plus éminents. C'étaient MM. de Montalembert, de Falloux, Saint-Marc-Girardin et toute une suite de noms représentant l'élite intellectuelle du pays.

A peine constitués, ils résolurent d'entreprendre une action énergique; mais à qui pouvait-on confier l'œuvre? Comment découvrir un directeur? et cependant du choix dépendait tout l'avenir. On jeta les yeux sur un jeune prêtre dont les succès brillants au séminaire et à la Faculté de théologie avaient attiré l'attention de ses condisciples, dont le nom était encore inconnu des hommes de son temps et qui était monté la veille, pour la première fois, dans la chaire d'histoire ecclésiastique de la Sorbonne; c'était l'abbé Lavigerie, à peine âgé de vingt-huit ans, qui, après une enfance pieuse, avait ressenti une vocation forte et simple. Il avait dit, dès le premier jour, qu'il voulait être curé de campagne toute sa vie. C'était un de ces jeunes cœurs tels que savait les attirer le grand éducateur ecclésiastique à qui avait été confiée sa première enfance; l'évêque d'Orléans, Mgr Dupanloup, avait, le premier, aperçu ce qu'était cette vocation; il l'avait encouragée; discernant de rares facultés, il avait souri quand le jeune séminariste avait parlé d'être toute sa vie curé d'une paroisse rurale.

A peine sorti du séminaire, son temps se trouvait désormais partagé entre les préoccupations d'un cours à la Sorbonne et la direction des écoles d'Orient. Quoiqu'en résidence à Paris, il commença

____

(1) Gabriel Charmes. *Voyage en Palestine,* p. 102.

dès 1855 cette vie d'activité prodigieuse, cette vie de missionnaire qui devait être le résumé de toute sa carrière.

Depuis cinq ans, il vivait par la pensée dans les échelles du Levant lorsqu'en 1860 éclata une secousse terrible en Orient. Les Druses étaient descendus des montagnes ; poussant devant eux les Maronites, écrasant les populations chrétiennes sur les flancs du Liban, ils s'étaient avancés jusque sur les rives de la Méditerranée, portant dans les villes le fer et feu, et s'unissant aux troupes turques pour organiser le massacre. Et, lorsque l'Europe apprit ces événements, il n'était plus temps d'y porter remède; tout au plus pouvait-on arriver à temps pour empêcher le renouvellement de ces scènes de pillage et de sang.

La France envoya en Syrie une flotte et une armée : l'ordre matériel fut rétabli. Ce n'était qu'une part de notre action, il y avait plus de 100,000 chrétiens sans abri. Il appartenait à l'œuvre des écoles d'Orient de préparer une expédition qui complétât la première ; en quelques mois on réunit deux millions de francs. Il était plus difficile de les distribuer efficacement et de représenter dignement la France : l'abbé Lavigerie partit pour Beyrouth. Nous ne le suivrons pas dans les étapes de ce lamentable voyage au milieu des ruines. Ce qui nous importe, c'est de faire ressortir l'action qu'il exerça. Il ne s'agissait plus, hélas! de créer des écoles; c'étaient des orphelinats qu'il fallait ouvrir, des asiles pour recueillir les enfants sans famille. A la voix du missionnaire de France des maisons s'élevèrent, des abris s'offrirent pour recevoir ces malheureux. De ville en ville, il avait apporté, avec les sympathies de la France, des aumônes qui étaient l'image de sa charité, une action qui était depuis des siècles l'honneur de notre race. (*Applaudissements.*)

Sa tournée achevée, le jeune abbé vint rendre compte, à Rome, de ce qu'il avait fait. Il y avait eu une grande œuvre accomplie par des mains françaises ; le prêtre en devait le récit au pape : l'impression de Pie IX fut profonde. Peu de mois après, d'accord avec le gouvernement français, le jeune directeur des écoles d'Orient était enlevé à sa chaire de Sorbonne, à ses études si calmes de Paris, pour remplir la charge d'Auditeur de Rote.

Il passa deux ans à Rome. Ni la nouveauté de son ministère, ni les soucis de sa charge ne lui firent oublier les victimes de la barbarie musulmane. Il constitua à Rome un conseil des écoles d'Orient, il prêcha des sermons en faveur des œuvres qu'il avait fondées, et de loin, malgré la distance, il créa des écoles, des hospices, des refuges de toutes sortes dont il parsema la côte du Caire à Constantinople, multipliant les fondations à Beyrouth, à Damas et à Smyrne. Une activité si féconde ne permettait pas au gouvernement français d'oublier l'Auditeur de Rote. Il fut nommé évêque de Nancy.

Je ne m'arrêterai pas sur ses œuvres en Lorraine. Les cinq années qu'il passa à Nancy suffirent amplement, après la première épreuve de la direction des écoles d'Orient, à former un administrateur consommé.

Mais l'horizon était trop étroit, l'action trop bornée, les œuvres anciennes trop nombreuses : il fallait un champ sans limites, une terre vierge où tout fût à créer. La Providence qui l'avait destiné au siège d'Alger l'y fit monter en 1867.

Notre Afrique française a eu en ce siècle une glorieuse destinée : elle a été arrosée par le sang des meilleurs d'entre nous. On a dit que l'Algérie avait été l'école militaire des armées de Crimée et d'Italie. Elle a fait plus, Messieurs, elle a préparé pour notre pays une réserve de vertus patriotiques. Les hommes qui ont fait partie de notre armée d'Afrique, qui se sont battus à Mascara et aux Portes de Fer, à Constantine et à Isly, ont acquis des trésors d'honneur et leurs noms doivent être à jamais entourés des marques de notre reconnaissance. (*Applaudissements.*)

C'est à eux que nous devons, je ne dirai pas cette colonie, car le mot colonie ne peut être prononcé quand il s'agit de l'Algérie, mais cette prolongation de la patrie qui est une France nouvelle. En vérité, Messieurs, on ignore trop parmi nous ce que vaut l'Algérie. On l'ignorait bien plus en 1867.

Pendant de longues années, il y a eu dans nos assemblées des partis qui ont nié obstinément l'avenir de nos possessions d'Afrique, qui ont préconisé la *politique d'évacuation*, puis quand le jour arriva où il fut impossible de nier les résultats, il se trouva encore des hommes disposés à dénigrer, à abaisser, à soutenir que l'opinion publique était dupe d'un engouement passager.

Il faut aller à l'étranger pour entendre juger l'Algérie comme elle le mérite. Je lisais il y a quelques mois le livre de M. Freeman, sur le développement géographique de l'Europe, livre dans lequel se rencontrent à chaque page des sentiments fort peu sympathiques à la France, dans lequel nos défaites de 1870 sont contées avec une satisfaction visible. Lorsque l'auteur arrive à la conquête de l'Algérie, il s'arrête et change de langage. C'est une colonie à laquelle nulle ne ressemble : elle rappelle les Indes ou l'Australie et elle est en face des côtes de France ! Ce que dit M. Freeman, d'autres le disent, l'écrivent, le répètent. Il n'y a pas un pays où l'on ne reconnaisse la puissance de l'Algérie.

En 1867, la question était moins avancée ; aussi les amis, les confrères de l'évêque de Nancy furent-ils presque unanimes à lui dire :

« N'acceptez pas, n'allez pas en Algérie ; vous ne pouvez pas quitter la France ; vous êtes évêque, n'allez pas au delà des mers vous briser contre des résistances invincibles ! »

Mgr Foulon, aujourd'hui archevêque de Lyon et depuis peu de jours cardinal, était peut-être le seul qui l'encourageât à partir : « L'Orient se souvient de lui, disait-il, l'Afrique aura bientôt à le bénir. » Mgr Lavigerie n'hésita pas : il se sentait appelé par sa grande vocation, celle dont je dois vous entretenir ce soir, la vocation du missionnaire.

A peine arrivé à Alger, il écrivit une lettre aux évêques de France afin d'expliquer pourquoi il avait accepté, et comment il pensait que son œuvre pouvait être accomplie. Il traçait son plan : la mission de la France n'était pas de fonder un royaume arabe, comme la lettre récente de l'empereur pouvait le faire croire, mais de conquérir le peuple musulman par la vue des œuvres de charité pour tous, des écoles françaises ouvertes à toutes les confessions.

D'ailleurs, au delà des limites de son diocèse, il entrevoyait une bien autre action : « L'Algérie, disait-il, n'est qu'une porte ouverte par la Providence sur un continent barbare de deux cents millions d'âmes. » Dieu a donné cette incomparable mission à la France. C'est à son apostolat catholique que l'œuvre doit appartenir tout entière. Son mandement est le premier appel adressé à cette Afrique chrétienne que son zèle d'apôtre ne cessera plus d'évoquer. Il la montre ardente pour la foi, puis ravagée par les Vandales, détruite par l'islamisme, dormant d'un long sommeil et enfin prête à ressusciter.

« Faire de la terre algérienne, dit-il, le berceau d'une nation grande, généreuse, chrétienne, d'une autre France, en un mot, fille et sœur de la nôtre, et heureuse de marcher dans les voies de la justice et de l'honneur, à côté de la mère patrie ; répandre autour de nous, avec cette ardente initiative qui est le don de notre race et de notre foi, les vraies lumières d'une civilisation dont l'Évangile est la source et la loi ; les porter au delà du désert, avec les flottes terrestres qui le traversent et que vous guiderez, un jour, jusqu'au centre de ce continent encore plongé dans la barbarie ; relier ainsi l'Afrique du Nord et l'Afrique centrale à la vie des peuples chrétiens, telle est, je le répète, dans les desseins de Dieu, dans les espérances de la patrie, dans celles de l'Église, votre destinée providentielle. En pouvez-vous concevoir de plus haute, de plus digne de vous et de votre patrie (1) ? »

Jamais plus magnifique programme n'avait été tracé. L'arche-

____

(1) Mandement du 16 mai 186

vêque d'Alger se mit sur le champ en devoir de l'accomplir. Je ne
veux pas vous entretenir des difficultés qui lui furent opposées :
elles auraient découragé tout autre que lui. Aux obstacles des
hommes s'ajoutèrent les fléaux de la nature : la famine en 1867, le
choléra dans les premiers mois de 1868, causèrent de terribles
ravages. L'archevêque jugea qu'il avait le droit d'élever la voix et
d'agir : il poussa un cri de désespoir, adressa aux journaux de
France une lettre sur la famine dont l'administration s'efforçait, on
ne sait pourquoi, d'empêcher la métropole de connaître les horreurs.
« Je suis évêque, écrivait-il, c'est-à-dire père, et quoique ceux pour
lesquels je plaide aujourd'hui ne me donnent pas ce titre, je les
aime comme mes fils (1). » Il rassembla des dons et ouvrit des
orphelinats, comme il avait fait naguère à Beyrouth et à Damas ;
en quelques mois il donna asile à plus de 2,000 orphelins. Un jour
vint où on lui signifia que ces enfants avaient été recueillis pour
quelques semaines, pour quelques mois, qu'il aurait à les restituer
aux tribus, et que s'il ne les rendait pas volontairement, il y
serait contraint.

Il faut lire, Messieurs, les actes qui sortirent alors de sa plume
pour se rendre compte de ce que peut à certaines heures la fermeté
épiscopale. Avec une dignité, un courage qui ne l'abandonnèrent
pas un instant, il déclara que pas un des orphelins ne serait rendu ;
s'agissait-il d'enfants dont le père ou la mère fussent encore vivants,
tel était son respect de la famille qu'il n'attendrait pas les somma-
tions : il les rendrait immédiatement et spontanément. Mais, s'il avait
recueilli des orphelins, nul ne pourrait les lui enlever. Il les avait
ramassés mourants sur la route, ils étaient venus se jeter dans ses
bras, lui demander asile, il ne les rendrait pas. Avec quelle force il
soutint le combat ! Il rappelait ce qu'il avait fait librement en Syrie.
« Comment peut-on me refuser, disait-il, sur une terre française, un
droit que j'ai exercé librement sur la terre musulmane par excel-
lence ?... » « Je demande pour l'Église, écrivait-il à l'empereur, sur
notre terre africaine, la liberté comme en Turquie (2) ! » La lutte
fut longue ; ce fut l'évêque qui l'emporta. Il conserva dans les
orphelinats ceux qu'au milieu du fléau il avait adoptés et personne
ne songea à réaliser les menaces qui lui avaient été faites.

Il créa des villages arabes chrétiens ; Saint-Cyprien, puis Sainte-
Monique, dans la vallée du Cheliff ; dès le début il préféra aux
œuvres de propagande les œuvres de la charité. Il ne voulait pas
baptiser les jeunes musulmans avant l'âge de raison, à moins qu'ils

(1) Lettre aux journaux de France du 1er janvier 1868.
(2) 17 mai 1868.

ne le demandassent à l'article de la mort. Il comptait sur la vue des fondations chrétiennes : il voulait des œuvres plus que des paroles, recommandait aux prêtres d'ouvrir des dispensaires et constatait avec joie l'affluence des Arabes et leur surprise en présence de ce bien accompli sans qu'il fût inspiré par un intérêt d'ici-bas.

Pendant ce temps l'Église d'Alger se transformait : Mgr Lavigerie construisait la cathédrale, fondait, à la suite d'un vœu fait pendant une tempête, Notre-Dame d'Afrique, sur la montagne qui domine Alger, comme avait fait Mgr de Belsunce, à Marseille, voulant placer en face de Notre-Dame de la Garde, Notre-Dame d'Afrique, pour que les marins, à quinze lieues en mer, pussent apercevoir de loin ce signe d'espérance et de salut. (*Vifs applaudissements.*)

En peu d'années, il fit sortir de terre en excitant le zèle des habitants et des curés, 69 églises, ouvrit un collège à Alger et un autre à Blidah, fonda des hospices de vieillards, fit venir les Petites Sœurs des pauvres ; construisit même dans les plaines du Cheliff, à 180 kilomètre d'Alger, l'hospice Sainte-Élisabeth avec un luxe d'architecture tel que les Arabes qui passaient disaient : Quel est ce palais, c'est donc pour un prince ! On leur répondait : « Non, c'est pour les Arabes pauvres. — Comment les pauvres pourront-ils payer ? — Ils y seront reçus gratuitement, c'est ainsi que la religion du Christ le veut!... » Le jour de l'inauguration, les tribus arabes réunies de toutes parts virent l'archevêque introduire lui-même les Arabes pauvres dans le palais construit pour eux par les chrétiens ; sublime hommage de la charité, que l'hôpital Sainte-Élisabeth rend à la foi chrétienne et qui tourne au profit de l'influence française !

Aux œuvres de la charité, il ajoutait celles de la colonisation ; non seulement il encourageait la culture des terres, mais pour consolider les fondations, il leur faisait acheter des domaines, les engageait à s'étendre, leur montrait l'exemple de la trappe de Staouëli, s'y rendait fréquemment, acquérait des terres incultes, les faisait défricher, les mettait en valeur, puis les donnait aux œuvres qu'il voulait mettre à l'abri des hasards de l'avenir. Telle était son application au développement de l'agriculture en Afrique qu'on aurait pu à cette époque trouver sa devise, en changeant légèrement l'*ense et aratro* du maréchal Bugeaud en ces mots qui résumaient toute son action trois ans après son arrivée en Algérie : *cruce et aratro.* (*Applaudissements.*)

L'année 1870, qui brisa tant d'œuvres, n'interrompit pas la sienne ; elle la transforma. Dès le commencement de notre douloureuse guerre, loin d'arrêter les ecclésiastiques qui voulaient porter leur zèle sur les champs de bataille, il les poussait. La plupart de ceux qui l'entouraient, jusqu'à son secrétaire, le quittèrent pour courir aux armes, son secrétaire fut blessé à Reischoffen, puis à Sedan ; il revint se rétablir à Alger, ét repartit ensuite pour l'armée de la Loire. Il devait mourir évêque de Constantine (1).

Ce qu'il fit pour ceux qui l'entouraient de plus près, pour son clergé il le fit également pour ses séminaristes. Ils étaient en vacances. Il déclara que les séminaristes ne rentreraient pas cette année ; il leur fit dire à tous que leur place n'était pas au séminaire d'Alger, que jusqu'à la paix ils devaient demeurer au poste que chacun avait choisi et servir comme brancardiers, comme infirmiers, d'autres même comme soldats, car quelques-uns d'entre eux n'avaient pas hésité à s'engager.

En même temps, il écrivait aux curés d'Algérie que toutes les églises possédant deux cloches devaient en offrir une pour faire des canons, s'associant sous toutes les formes, par tous les moyens, à l'effort patriotique qui dominait tous les cœurs, et emportait le sien vers les frontières de notre vieille France. (*Applaudissements.*)

Tout ceci, Messieurs, n'était que le commencement de la grande œuvre dont je vous parlais il y a quelques instants. Mgr Lavigerie avait considéré que l'Algérie était la porte d'un continent inconnu : il fallait franchir cette porte et marcher en avant.

Dès 1868, il avait pensé à former près de lui un séminaire, non pas seulement un collège ecclésiastique pour le diocèse d'Alger, mais un séminaire dans lequel on apprendrait l'arabe, où se réuniraient quelques jeunes gens d'élite pour aller porter aux avant-postes du Sahara la bonne parole. Il avait souffert des ignorances qui empêchaient le contact entre Français et indigènes : il fallait que la langue fût un lien au lieu d'être un obstacle, que les nouveaux missionnaires eussent le costume arabe, fussent habitués à la nourriture du pays. Du séminaire de Kouba fondé sur ces principes sortirent ces légions de missionnaires aimés et accueillis partout sous le nom populaire de Pères blancs.

Les premiers allèrent en Kabylie, dans le Sahara, près des grandes oasis. Ils étaient à peine partis pour atteindre les limites du désert que l'archevêque d'Alger était nommé par le pape Délégué apostolique du Sahara et du Soudan. Ce titre faisait de lui le premier des missionnaires africains. Le Sahara, la Tripolitaine, la Kabylie virent successivement s'établir des missions.

Le pape avait partagé le Nord de l'Afrique en plusieurs zones depuis la Guinée, le Sénégal et le Maroc jusqu'à la Tripolitaine : partout s'étendait l'action des Pères blancs.

L'ardeur des missionnaires était telle qu'aucun de leurs postes

____

(1) *Mgr Gillard, mort en 1879.*

avancés ne suffisait à leur zèle. Du Sahara, de Tripoli, ils brûlaient
de s'élancer vers le centre de l'Afrique. En vain, l'archevêque
aurait-il voulu préparer les voies. En peu de mois, deux missions
parties pour le Sud furent trahies par leurs guides et détruites. Ce
n'était pas en marchant directement qu'on pouvait atteindre Tom-
bouctou. Il ne fallait pas se lancer trop vite, et sans avoir reconnu
les routes. Il s'agissait d'une œuvre immense et qu'il fallait étudier
dans son ensemble.

L'archevêque d'Alger le comprit des premiers. Au lieu de se
heurter à cette barrière du Soudan, ne fallait-il pas aller jusqu'au
centre de l'Afrique, remonter vers ces hauts plateaux où la tempé-
rature cesse d'être torride, sur les bords de ces lacs, véritables mers
intérieures, qui peuvent faciliter les communications, offrir des
ressources au commerce, et préparer sur leurs rives les fondements
d'une civilisation ? Mgr Lavigerie en était profondément convaincu
et il observait avec soin le mouvement général des peuples
d'Europe qui donnent l'assaut au continent mystérieux.

C'est un spectacle, Messieurs, auquel nous ne prêtons pas une
suffisante attention. Au siècle prochain, quand il sera facile d'en
embrasser l'ensemble, soyez persuadé qu'il offrira une incomparable
grandeur. La génération qui nous a précédés a vu avant 1830, la
Méditerranée encore infestée de pirates barbaresques. L'Afrique
n'était touchée par la civilisation que sur deux points : l'Egypte
que l'influence française avait réveillée, le Cap que les Hollandais
puis l'Angleterre avaient colonisé. La Méditerranée pacifiée, la
France maîtresse du Nord de l'Afrique, voilà l'œuvre dont nous
avons été les témoins. Mais, à la suite de nos propres triomphes,
que de tentatives ! depuis peu d'années, quelle émulation !

De hardis explorateurs avaient servi de pionniers. Avec Livingstone et Stanley, avec Baker et Speke, avec Brazza, nous avions
entrevu ce que promettait ce monde inconnu que nous croyions
inhabité et dont la population était très dense, que nous
jugions malsain et qui était salubre, dont nous tenions les indigènes
pour des anthropophages alors que la plupart des tribus avaient les
mœurs les plus douces. Leurs récits devinrent populaires ; l'imagi-
nation de l'Europe et de l'Amérique fut profondément secouée.
Partout où existait une Société de géographie, les descriptions, les
lettres furent reçues avec avidité : en dehors des gouvernements, il
se manifesta un courant qui est loin d'avoir produit tous ses résultats.

Les nations qui avaient laissé sommeiller leurs droits s'apprê-
tèrent à les revendiquer. La France fit revivre son protectorat sur
Madagascar, s'attacha davantage au Sénégal et à ses établissements

de Guinée ; elle s'étendit vers les rives du Congo et y traça les frontières d'un vaste territoire. Les Anglais partant du Cap s'étendirent
vers le nord ; des sociétés privées toutes prêtes à devenir des
compagnies souveraines portèrent sur les grands lacs les steamers
et le drapeau de l'Angleterre. Le Portugal se souvint qu'il avait des
droits si étendus sur le Zambèze et sur l'Angola qu'il pourrait
rejoindre ses possessions en traversant le centre de l'Afrique. Le
Congo belge se formait sous les auspices du roi Léopold et l'Alle-
magne elle-même, jadis dédaigneuse des colonies, ne trouvait pas
indigne d'elle de coopérer au partage de l'Afrique en partant de
Zanzibar pour arriver au centre du continent.

Tels sont les efforts combinés qui font de l'Afrique à la fin du
xix° siècle le lieu de rendez-vous de toute l'Europe.

Mgr Lavigerie suivait avec une attention croissante les
récits des explorateurs et les comptes rendus qu'il recueillait de la
bouche des voyageurs : c'est comme délégué apostolique dans le
Sahara et le Soudan, qu'il voulut présenter au Saint-Père le tableau
de ce mouvement. Ce fut une des dernières pensées de Pie IX mou-
rant. Ce fut la première espérance de Léon XIII. Quatre jours
après son avènement, il signait le 24 février 1878 la reconnaissance des missions de l'Afrique Equatoriale.

Le 25 mars, un mois après, le premier départ avait lieu avec une
solennité qui fait de cette date une des heures bénies de la vie de
l'archevêque d'Alger. Dix missionnaires partaient pour le centre de
l'Afrique et Mgr Lavigerie, en les confiant à Dieu, leur traçait leur
devoir en des termes admirables.

« Marchez donc au nom et avec l'aide de Dieu ! Allez relever les
petits, soulager ceux qui souffrent, consoler ceux qui pleurent,
guérir ceux qui sont malades. Ce sera l'honneur de l'Eglise de vous
voir révéler de proche en proche, jusqu'au centre de cet immense
continent, les œuvres de la charité; ce sera l'honneur de la France
de vous voir achever son œuvre, en portant la civilisation chrétienne bien au delà de ses conquêtes, dans ce monde inconnu dont
la vaillance de ses capitaines a ouvert les portes. »

Les missionnaires partirent; les mois s'écoulèrent sans nouvelles
et quand les premières lettres arrivèrent à Alger, on put voir combien les Pères blancs étaient dignes de la bénédiction qu'ils avaient
reçue : « Nous sommes les premiers Français qui, envoyés par notre
évêque, français comme nous, allons porter la langue et l'influence
de la France dans les profondeurs africaines. D'autres nous suivront
un jour et cette route pacifique que nous allons tracer, où peut-être
nous laisserons nos tombes, sera poursuivie par les conquérants
pacifiques de notre France. Nous lui sacrifions aussi par avance

tout ce qui nous est cher et nos vies mêmes. Si nous y périssons, qu'elle se souvienne seulement que dix de ses enfants sont morts obscurément, en pensant à elle et en l'aimant jusqu'à la fin. » (*Vifs applaudissements.*)

D'autres efforts allaient interrompre un instant les travaux de l'archevêque. Vous savez qu'en 1881, la Tunisie fut occupée : sous forme de protectorat, ce fut une véritable conquête ; elle était prévue ; tous ceux qui aimaient leur pays, tous les hommes d'Etat dignes de ce nom, avaient, à toute époque, en pensant aux destinées de l'Algérie, manifesté la pensée que la Tunisie devait être française. M. Guizot, dans ses Mémoires, le rappelle avec une simplicité qui ajoute à sa prédiction une force particulière. Ce sentiment était universel chez ceux qui avaient quelque prévoyance.

L'archevêque d'Alger n'avait pas attendu notre conquête pour porter la croix en Tunisie. Bien avant les événements de 1881, nous possédions à Tunis un petit coin de terre française ; le roi Louis-Philippe l'avait obtenu en 1840. Il avait désiré établir, au lieu même où en 1270 son aïeul avait rendu l'âme, une chapelle dédiée au roi saint Louis. Des obstacles avaient menacé de retarder l'exécution du projet ; les ministres se souciaient peu de demander une allocation aux Chambres ; ce fut sur sa fortune personnelle que Louis-Philippe fit construire la chapelle Saint-Louis, au haut de la colline de Birza. Le culte, régulier jusqu'en 1848, était depuis longtemps interrompu, lorsqu'en 1875 Mgr Lavigerie découvrit qu'il existait à Carthage une chapelle élevée par la France sur un sol français ; il déclara qu'à ce double titre, cette chapelle appartenait à sa juridiction épiscopale. Il y pénétra, la releva de ses ruines, institua un aumônier : ainsi il était établi, six ans avant le protectorat, près de Tunis, comme gardien d'une mission chrétienne et française.

En 1881, dès que le drapeau français eût été déployé en Tunisie, le Pape n'hésita pas à confier à l'archevêque d'Alger l'administration ecclésiastique de la régence avec le titre de vicaire apostolique en Tunisie. C'était une nouvelle œuvre qui s'offrait à son activité. Il transporta aussitôt sa résidence à Tunis : « J'y trouverai, écrivait-il, au point de vue de nos œuvres d'apostolat, l'avantage d'être placé plus près de leur centre. Nos missionnaires ont des maisons sur tout le littoral de la Méditerranée, en Tunisie, à Malte, dans la Tripolitaine et jusqu'en Palestine. A Alger, j'étais à l'une des extrémités d'un si vaste champ de charité et d'apostolat ; à Tunis, au contraire, je pourrai plus aisément veiller sur l'ensemble de nos œuvres. » C'est à Carthage, au près du lieu où était mort saint Louis, qu'il s'établit définitivement.

C'est de là qu'il partit pour faire sa première visite dans la
Régence, pour suivre notre armée, étudier les populations, voir
les villes, jeter les bases de cette action religieuse dont il devait
être la tête et le centre. Que nous le suivions dans cette tournée,
au milieu des ruines de Sfax, sur les routes du Sud, dans la vallée
de la Medjerdah, que nous le retrouvions dans les rues étroites de
Tunis attentif aux moindres misères ou au sommet de la colline
qui domine Carthage découvrant les vestiges des églises chrétiennes
et rassemblant leurs souvenirs pour les offrir à la vénération, partout il nous faudra admirer l'apôtre, l'administrateur, le savant,
multipliant les efforts et les créations, suscitant les initiatives, rassemblant les bonnes volontés, ayant l'art de créer autour de lui et
de faire sortir les fondations du néant.

Il était arrivé à Tunis vers le mois d'avril ou de mai 1881. Malgré
les chaleurs brûlantes, il avait passé l'été à tout étudier, l'automne
à tout combiner. Arrive le mois de décembre. Quelques jours avant
Noël, l'archevêque publie un mandement qui est l'un des actes les
plus extraordinaires de cette admirable vie.

« Aux approches des solennités de Noël et de l'année nouvelle,
dit-il, il est d'usage dans les pays chrétiens que les pères donnent
à leurs fils les témoignages de leur tendresse. Nous nous souvenons
tous, jusque dans la vieillesse, de ces dons que notre enfance rece-
vait avec des transports de joie... Permettez-moi donc de vous
donner aussi mes étrennes. »

Malheureusement l'archevêque est très gêné; il a dû faire des quêtes
en France, il n'a pu réunir que des sommes insuffisantes. Aussi ne
pourra-t-il faire tout ce qu'il souhaite. Du moins les pauvres
auront leur part et tout naturellement la première. Il remet aux
pères capucins 2,000 piastres à distribuer aux familles chrétiennes.

Il ne veut pas oublier les brebis qui ne sont pas de son bercail.
Il envoie 1,000 piastres pour les familles musulmanes et israélites
et les remet aux sœurs de Saint-Joseph qui les visitent.

Après les pauvres, il a dû penser aux besoins spirituels; il a
commencé la construction d'une église, boulevard de la Marine,
elle sera terminée pour le Carême et il l'offre aux chrétiens de
Tunis.

Le cimetière était une cause d'insalubrité; son agrandissement
regardait l'autorité ecclésiastique. Il a acheté 48,000 mètres en
dehors des murs, et dans deux mois s'ouvrira le nouveau champ
des morts qui permettra de clore l'ancien cimetière et d'écarter
ainsi de la ville un foyer pestilentiel.

Ceux qui reposent dans le sein de Dieu ne doivent pas faire
oublier les membres vivants de la famille chrétienne. L'archevêque

a songé aux vieillards et aux enfants. Pour les vieillards des deux sexes, en attendant l'hospice en construction, il a loué deux fon-doucks qui les abriteront et il a fait venir pour les soigner les Petites-Sœurs des Pauvres. Le 22 janvier, il compte l'ouvrir et y conduire lui-même les vieillards italiens et maltais, rendant hommage en leur personne à la vieillesse, au travail et à la pauvreté.

Ceci ne suffisait pas : Tunis n'a pas d'hôpital. Une maison vient d'y être louée dans le centre de la ville. Les sœurs de Bon-Secours y sont appelées ; les lits se préparent et vont être dressés. Ce résultat est insuffisant, mais avant peu il espère faire mieux.

Comment les vieillards et les malades feraient-ils oublier les enfants ? L'archevêque pense sans cesse à l'éducation qui seule peut en faire des hommes, des citoyens et des chrétiens. Il ne pouvait faire que de bien médiocres sacrifices ; il n'a pu ouvrir qu'une école pour les garçons et une pour les filles. Il fallait penser en même temps à l'éducation supérieure. Grâce à la communauté des dames de Sion qui ont des maisons à Paris, à Jérusalem et à Constantinople, une maison abritera à Tunis les jeunes filles chrétiennes, tandis que le collège Saint-Charles donnera largement l'instruction supérieure aux jeunes garçons.

Ainsi, en quelques mois, hôpital, hospice, écoles de tous ordres, église, dons aux pauvres, toutes les œuvres les plus urgentes naissaient et se formaient, sous le patronage de l'évêque. En moins d'une année, un effort prodigieux était accompli. Mgr Lavigerie avait demandé à la France des sacrifices ; secondées par sa parole, ses quêtes avaient été fécondes ; pendant que la France agissait par les armes, il avait entrepris de conquérir la Tunisie par des bienfaits. (*Applaudissements.*)

En lisant ce mandement, d'un ton si simple et contenant de si grandes choses, j'ai été émerveillé. Je me suis demandé comment un seul homme, quelque grand qu'il fût, avait pu accomplir de telles créations. Je savais quel intelligent appui il avait trouvé chez notre premier résident, M. Cambon ; mais je ne comprenais pas de quelles ressources il avait pu disposer. Il n'a rien voulu dissimuler et lui-même a cru devoir rendre ses comptes aux chrétiens qui l'avaient aidé : grâce à lui, nous connaissons la somme exacte ; il a reçu et dépensé à Tunis, dans les huit premiers mois qui ont suivi notre conquête, 1,913,000 francs.

Voilà l'aumône qu'il avait reçue de la chrétienté ! Voilà, Messieurs, ce qu'il en a fait pour la France et pour l'Église ! (*Vifs applaudissements.*)

Combien il nous est facile maintenant de comprendre ce mot des taliens disant : cet évêque vaut pour la France une armée ! C'était parfaitement vrai ; aucun effort ne pouvait être comparé à cet effort accompli par une puissance morale bien supérieure à toutes les puissances de ce monde. (*Applaudissements.*)

Nul n'ignorait son attachement passionné à son pays, mais nul ne pouvait l'accuser de haine. Il ne perdait pas une occasion de se montrer supérieur aux divisions et aux querelles. Toutes les œuvres tunisiennes avaient été spécialement ouvertes aux Italiens. L'archevêque ne perdit pas une heure, lorsqu'il apprit les inondations de la haute Italie pour agir et quêter en faveur des victimes du désastre. Plus tard, quand le télégraphe annonça qu'un odieux attentat dirigé contre la vie de la reine Victoria venait d'échouer, une lettre de Mgr Lavigerie convoqua les Anglo-Maltais à un *Te Deum*. De sa retraite de Carthage, rien ne lui échappait : il lutta des premiers pour défendre les congrégations d'Afrique contre les décrets d'expulsion et sa parole, ses lettres, son insistance résolue purent détourner de l'Algérie un malheur qui eût été irréparable.

Comment s'étonner que le chapeau de cardinal fût placé sur une telle tête ? Lorsqu'en 1882 le Saint-Père éleva à cette haute dignité l'archevêque d'Alger, ce fut une joie pour la catholicité.

L'Algérie était organisée, les missions étaient parties pour le centre de l'Afrique, la Tunisie avait reçu l'impulsion de son évêque, le cardinal Lavigerie va-t-il enfin se reposer ? Non, Messieurs. Pour les hommes de foi, et à plus forte raison pour les grandes âmes, il n'y a pas de repos sur cette terre. L'œuvre de Carthage était déjà commencée. Il fallait la poursuivre.

Ici, Messieurs, il semble qu'une énumération suffise. Quand on a vu ce que j'ai vu, que de loin en mer, sur le pont du vaisseau venu de France, on a distingué les coupoles blanches de la basilique annonçant Carthage aux navigateurs, que de près, en abordant en Afrique on a contemplé le sommet de cette colline tout peuplé d'établissements français, qu'on a compté les fondations qui peuplent le rivage, le séminaire diocésain, la maison d'études des Pères blancs, le couvent des Carmélites, les deux orphelinats, le pensionnat de Sainte-Monique, le refuge du Bon-Pasteur, quand on songe que tout cela est sorti de terre par l'effort d'un seul, il n'est pas permis de s'étonner qu'un jour, au milieu d'une assemblée ecclésiastique réunie au lieu où se sont tenus jadis les conciles, une acclamation unanime ait demandé au pape de ressusciter l'archevêché de Carthage, renvoyant à Rome même d'où était partie l'imprécation du vieux Caton ce cri d'espérance : *Instauranda Carthago!*

En 1884, Léon XIII donne à Mgr Lavigerie le titre d'archevêque de Carthage qui emportait avec lui de plein droit la primatie d'Afrique, ce qui permettait au coadjuteur d'Alger de dire à l'heure du sacre : « L'Église d'Afrique n'a plus d'autres limites que les flots de toutes les mers qui l'environnent. »

Le cardinal allait reprendre avec plus de force l'œuvre des missions lorsque les nouvelles les plus graves venues de France le contraignirent à d'autres soins. Jamais il ne s'était occupé de politique, en ce sens qu'il ne s'était jamais mêlé aux luttes de partis, et qu'il avait toujours voulu y demeurer étranger. Ce fut la politique qui vint le chercher. La Chambre des députés, en mai 1885, supprima un crédit de 100,000 francs destiné aux séminaires d'Algérie. C'était arrêter le recrutement du clergé catholique en Afrique. Le cardinal poussa un cri de douleur, il prit le bâton de frère quêteur, partit pour la France, fit entendre sa voix à Marseille, à Lyon, à Lille et à Rouen. L'émotion fut vive partout ; elle atteignit le ministère qui fit voter le crédit pour interrompre la campagne du prélat.

L'année suivante, le crédit était de nouveau supprimé. Le cardinal publia un état qui présentait l'ensemble des sommes retranchées depuis six ans : le total s'élevait par année à 578,000 francs ! Il n'y avait pas d'hésitation possible ; les tournées de France furent reprises. Assurément le cardinal mendiait, « mais quoi de plus doux, disait-il, que de mendier pour ses fils et pour l'honneur de sa mère, la France, notre commune patrie ? » (*Applaudissements.*)

Jamais, d'ailleurs, il n'avait consacré ses forces à la poursuite d'un but plus patriotique. De toutes les nécessités qui s'imposent à une colonie, la plus impérieuse n'est-elle pas un clergé national ? Abandonner l'influence catholique aux Espagnols dans l'Oranais, aux Italiens dans l'Est de l'Algérie, était une insigne imprudence. En suspendant le recrutement du clergé français, les pouvoirs publics laissaient le champ libre aux plus dangereuses menées, portaient un coup fatal à notre action, et obéissaient aux misérables inspirations de la passion politique. Ceux qui écoutèrent la parole éloquente du cardinal sentirent qu'il s'agissait du plus important des intérêts français. (*Vif assentiment.*)

Le premier de nos missionnaires devait intervenir de nouveau à l'heure où la loi militaire menaçait si douloureusement nos missions dans le monde. Il y a peu de mois une lettre adressée à M. le président de la République présentait avec une force incomparable les inquiétudes de l'épiscopat français ; dans un tableau complet de l'état des missions dans l'univers, le rôle de notre pays était tracé, son action définie et le cardinal démontrait avec douleur que le projet soumis aux Chambres allait porter une atteinte terrible à notre protectorat catholique (1). (*Applaudissements.*)

(1) Alger, Jourdan, 1889.

Aucun de ces travaux, qui auraient absorbé une vie moins active, ne le détournait de sa grande œuvre des missions d'Afrique. L'heure s'approchait où cette entreprise devait prendre une importance que nul n'avait entrevue.

Les missions parties en 1878, 1879 et 1880 avaient été suivies d'autres départs. Les lettres des Pères blancs se succédaient, apportant la nouvelle de leurs progrès, des négociations nouées avec les chefs, des établissements fondés, et de l'extension de leur influence; mais plus les regards pénétraient dans les obscurités du continent inconnu et plus se dévoilait le mal qui rongeait le centre de l'Afrique. Loin des civilisations de l'ancien monde, il était évident qu'il se commettait sous l'équateur le plus abominable des crimes : des massacres réguliers, commis par des armées munies de fusils perfectionnés, anéantissaient, pour un profit d'argent, des peuples sans défense. Des bandes d'esclavagistes parties de l'Ouest, du Nord et surtout de la côte de Zanzibar s'avançaient vers la région très peuplée des grands lacs; sous prétexte d'aller chercher de l'ivoire, ils se jetaient sur un village, massacraient les hommes, tuaient les vieillards, faisaient prisonniers les femmes et les enfants et partaient, laissant derrière eux, à la place de villages habités, le désert et la mort. Ainsi, d'année en année, s'étendait à perte de vue le cercle de la plus lamentable dépopulation.

Les missionnaires étaient unanimes. Ce que Baker avait vu, ce que Cameron avait décrit, ce que Livingstone et Stanley avaient conté, les Pères blancs l'avaient constaté de leurs yeux; ils avaient rencontré les caravanes d'esclaves, avaient été les témoins impuissants des cruautés des esclavagistes, avaient vu massacrer les esclaves fatigués, afin d'alléger la marche, avaient reconnu la direction des caravanes aux ossements blanchis qu'elles laissaient sur leur piste.

Comment de telles horreurs n'appelleraient-elles pas la commisération de la chrétienté? Ce serait à désespérer de l'homme si de semblables récits ne provoquaient pas son indignation. C'est à son cœur, à son dévouement, à son esprit de sacrifice que le primat d'Afrique résolut de faire appel. Il ne pouvait être dépositaire de tels secrets, connaître de telles horreurs sans qu'un devoir absolu de parler et d'agir s'imposât à sa conscience. Il quitta Carthage et s'embarqua, résolu à apprendre à l'Europe inattentive ce qui se passait au centre de l'Afrique.

Il commença son apostolat à Lyon, dans la ville des grandes œuvres, où est née la Propagation de la foi, puis il vint à Paris et fit un exposé complet que n'a pu oublier aucun de ceux qui remplissaient l'église de Saint-Sulpice. De là, il se rendit à Londres, puis à Bruxelles. Vous avez tous lu ces admirables harangues dans lesquelles, rappelant la destruction de la traite, l'abolition de l'esclavage, il demandait à l'Europe de mettre fin à ces iniquités.

Il faut, Messieurs, faire disparaître une équivoque qui a pesé sur cette question : il est bon de profiter de notre réunion pour insister très vivement sur le but que le cardinal entend atteindre. Des sociétés antiesclavagistes ont été créées : une à Paris, plusieurs dans les départements, elles sont toutes en rapport, aussi bien celles de France que celles de l'étranger : sous l'impulsion du cardinal, un effort commun est tenté.

On nous dit : vous voulez faire une expédition, c'est une tentative insensée, c'est impossible, on n'aura ni les fonds, ni les hommes, et d'ailleurs le droit des gens ne crée-t-il pas des obstacles insurmontables ? Sous quel drapeau, dans quelle condition ferez-vous cette expédition ? quelle que soit la cause pour laquelle on lutte, nul ne peut lever une armée, ni porter la guerre sur un territoire étranger. Telle n'est pas non plus, Messieurs, la pensée des sociétés antiesclavagistes. Leur but est plus simple et très aisé à définir.

Quatre missions ont été successivement envoyées par le cardinal Lavigerie. L'une d'elles a été accompagnée par le capitaine Joubert, ancien zouave pontifical, qui s'était battu en Italie, battu dans notre campagne de France et auquel le repos pesait. Il partit en volontaire laïque, escortant la mission et arriva avec elle sur les bords du lac Tanganika, il avait apporté des fusils, des cartouches pour repousser les assaillants ; il dressa une vingtaine de nègres, puis quatre-vingts, puis cent. Avec ces cent nègres bien armés, il n'attaqua personne, il ne fit point d'expédition, il ne tenta point de razzia, mais il résista aux efforts des brigands ; le jour où parurent les esclavagistes, ceux-ci furent tout surpris de trouver des nègres sachant se défendre ; loin de poursuivre leurs attaques, les bandes d'esclavagistes allèrent chercher fortune ailleurs. Joubert créa ainsi une station défensive, usant du droit qui appartient aux particuliers, dans tous les pays, de défendre leurs propriétés, leurs établissements, leurs foyers.

Telle est, Messieurs, la première application régulière d'un droit, qui indique clairement ce qui peut être tenté. Créer des stations défensives, les multiplier, les relier entre elles, voilà le but.

L'histoire présente en vérité de singulières répétitions. Joubert et ceux qui veulent l'imiter au centre de l'Afrique se trouvent recommencer exactement ce que nos pères ont fait il y a mille ans, lorsque, menacés par les Normands, qui remontaient la Seine ou la Loire, ils se réfugiaient dans l'enceinte d'un *castrum* pour sauver leurs familles et leurs troupeaux. Ces lieux de protection passagère sont devenus avec le temps des centres de résidence. Le *castrum* s'est transformé en un château entouré d'un village.

Nous ne parlons pas ici de ce que peuvent faire les nations civilisées pour combattre l'esclavage, des lignes de pénétration, des chemins de fer s'éloignant des côtes, des croisières destinées à empêcher la traite maritime. C'est là l'œuvre des gouvernements européens qui ont mis le pied en Afrique et qui s'en partagent le sol. La tâche des sociétés privées est de créer des stations de protection, où des soldats hardis, pionniers de la civilisation, défendent à la fois la croix, la mission, les néophytes et ces immenses populations nègres qui ne savent pas résister aux infâmes razzias des esclavagistes.

Dans quelques semaines à Lucerne, toutes les sociétés antiesclavagistes du monde sont convoquées par S. Em. le cardinal Lavigerie pour délibérer sur ce qu'il convient de faire. Ainsi l'apostolat de la chaire qui a fait entendre, au nom du Christ et par ordre de son Vicaire, la parole de vie aboutit à une grande action qui sera, nous en avons la confiance, féconde pour la cause de la liberté dans le monde. (*Applaudissements.*)

Rien n'arrête, vous le voyez, Messieurs, l'initiative de notre grand évêque. Cette activité que nous venons d'admirer, ce souci perpétuel de toutes les nobles causes, il le montre plus que jamais aujourd'hui et, grâce à Dieu, il le déployera encore longtemps pour l'honneur de tout ce que nous aimons. (*Assentiment.*)

Que vous considériez l'œuvre tout entière du cardinal Lavigerie, que vous la mesuriez à toute époque dans son ensemble et dans ses détails, que vous le voyiez à Damas, consolant les chrétiens, recueillant les orphelins, relevant les écoles d'Orient; que vous le rencontriez à Jérusalem installant ses missionnaires d'Afrique, près du tombeau de sainte Anne; que vous le trouviez sur le rivages les plus lointains de la Méditerranée, dans nos escales françaises ou à Malte, créant un asile pour les orphelins nègres recueillis près des lacs d'Afrique; que vous l'admiriez à Alger ouvrant des hôpitaux, consacrant des églises, visitant les Berbères sur les plateaux de la Kabylie ou bien inspectant les avant-postes du Sahara; que vous le retrouviez à Carthage, relevant la chapelle de Saint-Louis ou la maison de sainte Monique, faisant sortir des ruines une chrétienté ensevelie et entourant notre jeune protectorat de tout ce qui fait une tradition, de tout ce qui prépare le relèvement d'un peuple, que vous le suiviez, comme j'ai eu le bonheur de le suivre, il y a quelques années, sur la colline d'Hippone, bénissant quinze cents ans après la conversion de saint Augustin les fondements de la basilique qui devait porter son nom; que vous assistiez par la pensée au départ de ces missions qu'il a créées et préparées de longue date pour les lancer vers le centre du continent mystérieux; que vous lisiez ses œuvres, ses mandements, ses discours, ses lettres, ses publications, dont le nombre, l'érudition et l'éloquence laissent l'esprit confondu, vous serez émerveillés de l'unité de cette vie. Vous serez frappés de voir qu'elle a toujours été consacrée aux deux idées les plus hautes qui puissent animer l'esprit de l'homme, à deux pensées qui n'ont jamais quitté le cardinal, qui l'ont suivi à toute heure, dans toutes les actions de l'existence la plus agitée, qui l'ont guidé à travers tous les obstacles, qui doivent servir de résumé à tout ce qui précède et qui pourraient être sa vraie devise : LA CROIX ET LA PATRIE ! (*Applaudissements prolongés.*)

Paris. — Imprimerie F. Levé, rue Cassette, 17

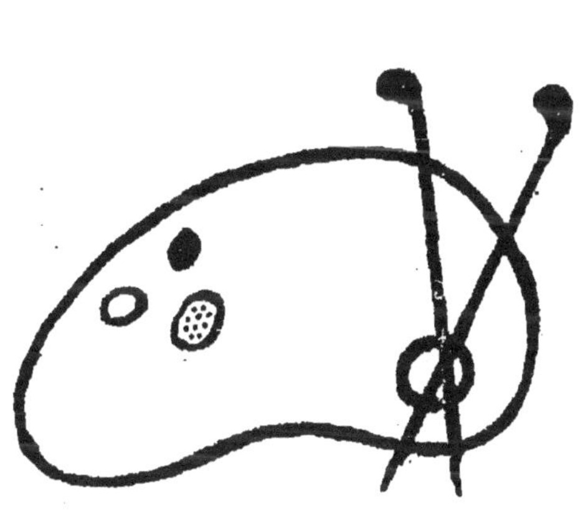

Original en couleur

NF Z 43-120-8

SOCIÉTÉ INTERNATIONALE D'ÉCONOMIE SOCIALE

La Société, fondée par Le Play, s'est constituée le 27 novembre 1856, pour remplir le vœu exprimé par l'Académie des sciences, en couronnant l'ouvrage intitulé les *Ouvriers européens*. Elle applique à l'étude comparée des diverses constitutions sociales la méthode d'observation, dite des monographies des familles. Elle reproduit les monographies les plus remarquables dans le recueil intitulé les *Ouvriers des deux Mondes*, et publie le compte rendu *in extenso* de ses séances dans la *Réforme sociale*, bulletin de la *Société d'économie sociale et des Unions*.

La *Société d'Économie sociale* se compose de *Membres honoraires* versant une cotisation de 100 fr. par an, au minimum, et de *Membres titulaires* payant 20 fr. L'un et l'autre de ces deux prix donnent droit à recevoir la *Réforme sociale*, qui est adressée à tous les Membres deux fois par mois, le 1er et le 16; et les *Ouvriers des Deux Mondes* qui paraissent par fascicules trimestriels.

LES UNIONS DE LA PAIX SOCIALE

Les *Unions* ont pour but de propager et de mettre en pratique les doctrines de l'*École de la paix sociale*. Elles sont réparties par petits groupes en France et à l'étranger. Leur action s'exerce par l'intermédiaire de CORRESPONDANTS locaux.

Les membres sont invités à transmettre au secrétariat général les faits qu'ils ont pu observer autour d'eux, ou les renseignements qui sont parvenus à leur connaissance. Ces communications sont, suivant leur importance, mentionnées ou reproduites dans la *Réforme sociale*.

Les *Unions* se composent de membres *associés* et de membres *titulaires*. Les membres *associés* versent une cotisation annuelle de 12 fr. (14 fr. pour l'étranger), qui leur donne droit à recevoir deux fois par mois la *Réforme sociale*, *bulletin* de la *Société* et des *Unions*. Les *membres titulaires* concourent plus intimement aux travaux qui servent de base à la doctrine des *Unions* ; ils payent, outre la cotisation annuelle , un droit d'entrée de 10 francs au moment de leur admission, et reçoivent, en retour, pour une *valeur égale* d'ouvrages choisis dans la *Bibliothèque de la paix sociale* et livrés au prix de revient.

Pour être admis dans les *Unions de la paix sociale*, il faut être présenté par un membre, ou adresser directement une demande d'admission au Secrétaire général, boulevard Saint-Germain, 174, à Paris. Les noms des membres nouvellement admis sont publiés dans la *Réforme sociale*.

LA RÉFORME SOCIALE

Bulletin de la Société d'Économie Sociale
et des Unions de la Paix Sociale.

Les personnes étrangères aux deux Sociétés peuvent s'abonner aux conditions suivantes :

FRANCE : Un an 15 fr.; Six mois 8 fr. | EUROPE : Un an 18 fr.; Six mois 10 fr.

Hors d'Europe : le port en sus.

Les abonnements partent du 1er de chaque mois.

CHAQUE LIVRAISON : 80 CENTIMES.

www.ingramcontent.com/pod-product-compliance
Lightning Source LLC
Chambersburg PA
CBHW051203050726
47594CB00007B/3044